Joachim Kuhs

Ohne Wurzeln keine Zukunft

GHV

Joachim Kuhs

Ohne Wurzeln keine Zukunft

12 Prinzipien für Europa

Gerhard Hess Verlag

Joachim Kuhs

Ohne Wurzeln keine Zukunft

12 Prinzipien für Europa

1. Auflage 2023

www.gerhard-hess-verlag.de
Printed in Europe

ISBN 978-3-87336-797-5

Inhalt

Vorwort

Geschätzte Leser,

„Wer seine Wurzeln nicht kennt, kennt keinen Halt." Dieses Zitat des österreichischen Dichters Stefan Zweig kommt mir bei meiner Arbeit als Abgeordneter im EU-Parlament immer wieder in den Sinn. Die Regierungen der europäischen Staaten und die Beamten in der Brüsseler EU-Zentrale, flankiert von den großen Medien und vielen Intellektuellen, sind angetreten, um Europa neu zu gestalten. Die europäischen Staaten und Völker sollen immer stärker zusammenwachsen, ja man träumt bereits von einer Art europäischem Volk in einer Art europäischem Einheitsstaat, der noch dazu weltweit eine moralische Führungsrolle anstrebt. Soweit die Vorstellungen der Eliten.

Die Wirklichkeit sieht viel nüchterner aus: Weit davon entfernt in globalem Maßstab zu den großen Mitspielern zu gehören, scheint Europa sogar immer mehr zum Spielball der großen weltweiten Machtblöcke zu werden; es ist in seinem Innern uneinig, noch nicht einmal in der Lage, die gemeinsamen Außengrenzen zu schützen und anstatt für seine Menschen einen Hort der Freiheit und Selbstbestimmung darzustellen, gebärdet sich die Brüsseler Zentrale immer mehr als

Gouvernante, welche die Bürger durch allerlei Gängeleien umzuerziehen versucht. Die Machtlosigkeit nach außen scheint mit dem zunehmend autoritäreren Gebaren nach innen zu korrespondieren.

Liegt es daran, dass Europa seine Wurzeln vergessen hat? Dass es von seinen Wurzeln etwa gar nichts mehr wissen will? „Wer seine Wurzeln nicht kennt, kennt keinen Halt." Das Bonmot Stefan Zweigs scheint eigens für die Europäische Union, wie sie sich uns gegenwärtig darstellt, verfasst zu sein. Was aber sind die Wurzeln Europas? Und wie können wir aus diesen Wurzeln heraus die Zukunft Europas gestalten?

Auf meiner Facebook-Seite bin ich im Spätjahr 2022 in einer wöchentlichen Serie diesen Fragen nachgegangen. Es war mir ein Anliegen, jenseits tagespolitischer Fragestellungen und aktueller Meldungen in die Tiefe zu gehen, die Wurzeln Europas zu erkunden und darauf aufbauend einen Entwurf für seine zukünftige Entwicklung zu skizzieren. Eine wichtige Inspirationsquelle war mir der Sammelband „Europa Aeterna", herausgegeben von David Engels, den ich zur vertiefenden Lektüre empfehle.

Ermutigt von vielen positiven Rückmeldungen und dem Wunsch folgend, meine Gedanken auch Lesern zugänglich zu machen, die nicht in den Sozialen Medien unterwegs sind, lege ich Ihnen diese Aufsätze hier leicht überarbeitet in gedruckter Form vor. Als Christ, als konservativer, freiheitsliebender und die Familie wertschätzender Mensch bin ich dabei von folgenden sechs Überzeugungen getragen:

Erstens: Es gilt den Begriff „Europa" zurückzuerobern. Die Eliten der EU-Bürokratie, ihre Verbündeten in den großen Medien und in den meisten Regierungen der europäischen Nationalstaaten haben diesen quasi okkupiert. „Europa" und „EU" wird im allgemeinen Sprachgebrauch nahezu synonym verwendet. Dies hat umgekehrt bei Menschen, welche die EU-Politik ablehnen, zu einer Art Abwehrreflex gegenüber dem Begriff „Europa" geführt. Man assoziiert unbewusst mit „Europa" oder „europäisch" all das Negative, für das die EU-Elite steht: Korruption, Lobbyismus, Bürokratie, Cancel Culture, Kulturmarxismus, Ökosozialismus, Globalismus, Wokeness usw. Und man sieht die Lösung nur in einer Rückkehr zum starken Nationalstaat, der uns vor all diesen Dingen bewahren soll. Zweifellos werden die Nationalstaaten wieder an Bedeutung gewinnen müssen. Nicht grundlos wehren sich gerade die Staaten, die bis 1990 unter der Knute der Sowjetunion und des Warschauer Paktes standen, am heftigsten gegen die Abgabe ihrer Souveränität an die EU-Zentrale.

Doch – und damit komme ich auf den zweiten Punkt – werden die europäischen Staaten als Einzelkämpfer gegen die globalen Ansprüche der Großmächte USA, China und Russland ebenso wenig eine Chance haben, wie gegen den Migrationsdruck aus Afrika und dem Nahen Osten. Auch in Sachen Handel, Infrastruktur, Bildung und Wissenschaft ist es sinnvoll und fruchtbar, zusammenzuarbeiten. Nach der Katastrophe des Zweiten Weltkriegs bescherten uns die Europäischen Gemeinschaften Jahrzehnte des Friedens und Wohlstands. Dieses Europa wurde zum Sehnsuchtsort für die unterdrückten Völker des Ostens. Ein einfaches Zurück dahin kann es angesichts der völlig veränderten Weltlage freilich nicht geben. Doch die Erkenntnis, dass man gemeinsam mehr erreicht als alleine, ist nach wie vor gültig.

Ein rein auf Nützlichkeitserwägungen gegründetes Bündnis wird jedoch nicht stabil sein. Es braucht mehr, das Europa zusammenhält. Und es gibt mehr. Deswegen müssen wir drittens eine europäische Identität neu entdecken und pflegen. Wir erleben gerade einen massiven Angriff auf diese Identität. Waren es jahrzehntelang nur die Deutschen, denen durch Vergangenheitsbewältigung, Schuldstolz und ewiges Büßertum eingetrichtert wurde, sie seien eine widerlegte Nation, so hat sich dies in den letzten Jahren auf Europa verlagert: Jetzt stehen alle weißen Europäer als Kolonialisten, Imperialisten und Ausbeuter am Pranger, die mit

Bußritualen gebrochen und zur Verfügungsmasse einer selbsternannten moralischen Elite transformiert werden sollen. Europa steht als Ganzes unter Beschuss und muss sich als Ganzes dagegen verteidigen.

Dazu brauchen wir viertens einen positiven Gegenentwurf, ein eigenes, alternatives Programm. Angesichts eines seelenlosen Globalismus müssen wir Europa helfen, seine Identität und seine Seele zurückzugewinnen. Nur dagegen zu sein, ist einfach. Und die Versuchung, stets den einfachen Weg zu gehen, den Weg der Kritik und Verneinung, ist zugegebenermaßen groß. Doch wer erfolgreich sein will, darf sich nicht damit begnügen, Missstände anzuprangern; er muss auch einen attraktiven und realistischen Gegenentwurf präsentieren. Es genügt nicht, Nein zu dieser EU zu sagen, wir müssen auch Ja zu Europa sagen. Was aber ist Europa? Nur eine Ansammlung von mehreren Dutzend Nationalstaaten, die sich zufällig auf dem gleichen Kontinent befinden? Sicher nicht.

Ich bin fünftens überzeugt, dass es dieses Europa bereits gibt. Wir brauchen es nicht am Reißbrett zu erfinden. Es gibt eine europäische Identität, sie hat sich seit über einem Jahrtausend entwickelt und sie ist nicht untergegangen. Es lohnt sich, die Wurzeln dessen, was Europa ausmacht, wiederzuentdecken. Wir werden im Folgenden sehen, dass Vieles, was uns selbstverständlich erscheint, das Ergebnis einer bestimmten Kultur und Mentalität ist und dass der Baum verdorrt und keine Früchte mehr tragen wird, wenn wir seine Wurzeln nicht pflegen. Christentum, Bürgerlichkeit, Recht, Tradition, Wohlstand, Subsidiarität, Familie, Ökologie, Demokratie, Frieden und Sicherheit, die Trennung von Staat und Kirche, sowie Lebensschutz und Lebensrecht haben Europa groß gemacht. Wir können stolz sein auf die Leistungen und das Erbe unserer Vorfahren!

Dabei glaube ich sechstens an die Zukunft Europas. Die Wiederentdeckung und Pflege seiner Wurzeln ist kein Selbstzweck und erst recht kein nostalgischer Rückblick, im Gegenteil. Nichts ist mir fremder, als ein Defätismus, der alles nur schwarz sieht, der nur den drohenden Untergang vor Augen hat und sich bestenfalls in eine Nische zurückziehen und von vergangenen Zeiten schwärmen will. Ich blicke in die Zukunft. Ich bin bereit, für ein Europa zu kämpfen, das für unsere Kinder, Enkel und Urenkel eine lebens- und liebenswerte Heimat sein wird. Und ich bin überzeugt, dass wir mit Gottes Hilfe in diesem Kampf auch Erfolg haben werden.

So lege ich meine Gedanken Ihrer geschätzten Aufmerksamkeit vor. Es versteht sich von selbst, dass angesichts der gebotenen Kürze die einzelnen Aspekte nur skizzenhaft dargestellt werden können. Ich verstehe das vorliegende Bändchen als Streitschrift für ein zukünftiges Europa, als Sammlung von Hintergrundwissen, mit dessen Hilfe wir manche tagespolitische Meldung in einen größeren Zusammenhang einordnen können und als Anregung zu weiterführenden Überlegungen. So freue ich mich auch auf Rückmeldungen Ihrerseits.

Brüssel, im Mai 2023

Herzliche Grüße
Ihr
Joachim Kuhs

1.

Das Christentum

Wer sich auf die Suche nach einem einigenden Element begibt, welches Europa zu Europa macht, wird unweigerlich und zuallererst auf das Christentum stoßen. Über alle ethnischen Grenzen hinweg war und ist das Christentum der wichtigste Faktor, der das Abendland erst zu bilden imstande war.

Freilich ist das Christentum mit dem, was wir Abendland nennen, nicht einfach deckungsgleich. Zum einen reden wir hier vom spezifisch westlichen Christentum des lateinischen Kulturkreises, das sich von den orientalischen und orthodoxen Ausprägungen des Christentums in mancherlei Hinsicht unterscheidet. Und zum anderen speist sich Europa noch aus vielen anderen Quellen, auf die ich in den folgenden Kapiteln noch zu sprechen kommen werde. Doch führt am Christentum kein Weg vorbei.

Seit zwei Jahrtausenden prägt der christliche Glaube die Völker Europas ganz entschieden. Zuerst die romanischen und keltischen, später auch die germanischen und schließlich die slawischen und baltischen. Eine solche Prägung kann nicht einfach ignoriert werden, auch dann nicht, wenn man persönlich dem Christentum ablehnend gegenübersteht. Ich kenne viele Menschen, die selbst keine praktizierenden Christen sind, sich aber als „Kulturchristen" sehen, als Teil jenes gemeinsamen kulturellen Erbes, zu dem das Christentum einen so großen Beitrag geleistet hat. Und gerade der massive Angriff auf dieses Erbe lässt es Viele wieder neu wertschätzen.

Die von aller Welt bestaunten Leistungen der abendländischen Kultur – Musik, Architektur, Bildende Kunst bis hin zur Volkskultur – sind wesentlich christlich beeinflusst. Der christliche Glaube an einen von der Schöpfung unterschiedenen Schöpfergott, welcher den Menschen aus Liebe nach seinem Bild geschaffen hat und welcher in Jesus Christus selbst Mensch geworden ist und den Menschen erlöst hat, prägte das Selbstbild des Europäers ganz entschieden:

Der Glaube nahm dem Menschen die Angst vor einer vergöttlichten Natur voller Geister und Dämonen, wie sie für animistische Religionen kennzeichnend ist. Er gab dem Menschen Selbstbewusstsein, denn er weiß sich von Gott als Partner eines Bundes wertgeschätzt, anders als beispielsweise im Islam, der nur die bedingungslose Unterwerfung unter einen allmächtigen, aber fernen Gott kennt. Gleichzeitig verpflichtet der christliche Glaube zu individueller, konkreter Nächstenliebe.

Der Christ sieht sich als Teil einer Gemeinschaft, aber auch als Individuum, das in einer unmittelbaren Beziehung zu Gott steht. Kollektivismus ist ihm ebenso fremd wie Egoismus. Der Grundsatz „Gebt dem Kaiser, was des Kaisers ist, und Gott, was Gottes ist" (Matthäusevangelium 22,21) regelt sein Verhältnis zum Staat, dessen loyaler Bürger er ist, ohne in einem Kollektiv aufzugehen. Dieser Grundsatz zeigt dem Staat auch seine Grenzen auf und trennt zwischen religiöser und staatlicher Sphäre. Das Unbehagen an der zunehmenden Übergriffigkeit der EU auf ihre Bürger bis hinein in die privatesten Bereiche hat auch und vor allem in dieser Grundhaltung ihre Wurzeln.

Ebenso ist das dem Europäer eigene Streben nach individueller Freiheit zu einem bedeutenden Teil im Bewusstsein begründet, ein von Gott mit Freiheit beschenktes und Gott unmittelbar gegenüberstehendes Geschöpf zu sein. Diese Freiheit ist freilich keine Einladung zu Willkür, denn der Christ weiß auch, dass er sich für sein Tun und Lassen einst vor seinem Schöpfer verantworten muss.

Die Bedeutung des Christentums für die Formung und Erhaltung Europas kann also gar nicht hoch genug eingeschätzt werden. Die Gründerväter der heutigen EU, Schuman, Adenauer, de Gasperi, wussten das noch. Was aber bedeutet dies für die Zukunft unseres

Kontinents? Schließlich entfernen sich nicht nur die EU und die meisten Nationalstaaten immer mehr von ihren christlichen Wurzeln, auch die Großkirchen werfen mit rasender Geschwindigkeit immer mehr ihrer Grundsätze über Bord.

Eine Bewahrung und Erneuerung des Christentums wird in erster Linie von überzeugten Christen kommen, die ihren Glauben in ihren Familien, in ihren Gemeinden und Gemeindeverbänden oder geistlichen Gemeinschaften leben und weitergeben. Darüber hinaus werden aber auch Menschen zur Weitergabe des christlichen Erbes beitragen, die sich eher lose dem Christentum verbunden fühlen und weiterhin solchen, die selbst keine Christen sind, aber die kulturelle Bedeutung des Christentums anerkennen und wertschätzen.

Ohne Christentum kein Europa. Das gilt für die Vergangenheit und das wird auch für die Zukunft gelten.

2.

Bürgerlichkeit

An der weltweit einmaligen, ebenso bewunderten wie beneideten Erfolgsgeschichte Europas hat ein besonderer Menschenschlag einen bedeutenden Anteil: der Bürger. Wenn Europa eine gute Zukunft haben will, wird es höchste Zeit, die Bürgerlichkeit neu zu entdecken und den Bürger, der sich seit der 68er-Revolte einer massiven Diffamierung ausgesetzt sieht, wieder in sein Recht zu setzen.

Was zeichnet den Bürger aus? Er würdigt Können und Leistung mehr als Herkunft und Ideologie. Er ist weder Untertan noch Egoist. Er ist ehrgeizig, diszipliniert und strebt nach Höherem – sei es in Bildung, Technik oder Handel – ohne dabei Bodenhaftung zu verlieren und sich in Utopien zu ergehen. Er schafft es, durch harte Arbeit Gegensätze zu vereinen: Rechte und Pflichten, Freiheit und Ordnung, Macht und Recht, Weltoffenheit und Heimatliebe, Individualismus und Sorge ums Gemeinwohl.

Schon lange bevor in Europa das „bürgerliche Zeitalter“ anbrach, bildeten die Bürger Rückgrat und Motor der Entwicklung unseres Kontinents. Man denke an die Handwerker in den mittelalterlichen Städten, an die Kaufleute Italiens, Flanderns oder der Hanse, an die Künstler, an die Wissenschaftler ...

Damals wie heute sind für den Bürger Selbstständigkeit und Eigenverantwortung hohe Werte. Der Bürger ist stolz darauf, für sich selbst und seine Familie sorgen zu können und von niemandem abhängig zu sein, weder damals vom Feudalherrn noch heute vom Staat. Der Bürger ist kein Verschwender, er denkt vorausschauend, er weiß, dass er nicht nur für die Gegenwart, sondern auch für die Zukunft Verantwortung trägt. Sein eigenes Wohlergehen liegt ihm ebenso am Herzen, wie das der Gemeinschaft, in der er lebt. Ich denke da zum Beispiel an die unzähligen ehrenamtlichen Dienste in Vereinen, Verbänden, karitativen Organisationen oder auch der (Kommunal-)Politik. Der Bürger ist für seine Gemeinschaft ein Netto-Geber, und das längst nicht nur in Sachen Steuerzahlung.

Sein Engagement ist dabei pragmatisch, nicht ideologisch, er will nicht die Welt, sondern sein Umfeld verbessern – und eben indem er dies tut, millionenfach an Tausenden von Orten, verbessert er die Welt wesentlich mehr, als die großen Planer und Systembauer. Damit ist er die ideale Verkörperung der Subsidiarität, eines Prinzips, das am Anfang der europäischen Einigung stand und das gegen den Brüsseler Zentralismus wieder Gewicht erhalten muss.

Dabei hindert ihn die Verbundenheit mit seiner Heimat keineswegs am Blick auf die Welt und seine Achtung vor dem Bewährten nicht an der Offenheit für Neues. Ich denke beispielsweise an die hiesigen mittelständischen Betriebe, von denen nicht wenige in ihren Branchen zu den Weltmarktführern gehören und Kontakte über den ganzen Globus haben, die aber gleichzeitig wichtige Arbeitgeber in ihren Gemeinden sind und ebenso Sorge um ihre Angestellten tragen.

Freilich ist der Bürger auch Versuchungen ausgesetzt und leider erliegt er ihnen immer wieder. So kann die ihm eigene Selbstgenügsamkeit leicht in Trägheit und Feigheit umschlagen, sein Pragmatismus in ein kritikloses Sich-Anpassen, seine Offenheit in ein Gefallen-Wollen um jeden Preis – auch um den Preis der Selbstaufgabe. In der heutigen Zeit äußert sich dies in einem Nachgeben gegenüber linksliberalen bis linksradikalen Zumutungen: von der Masseneinwanderung über die Indoktrination der Kinder mit Gender-Ideologie bis hin zur ökosozialistischen Enteignung. Besonders feige wird es, wenn der Bürger all dies nicht nur hinnimmt, sondern sogar aktiv propagiert in der Hoffnung, von den intellektuellen Ideologen anerkannt zu werden, die ihn darob erst recht verachten.

Wenn der Bürger auf diese Weise nicht erneut zum Untertan werden will, wenn Bürgerlichkeit zu Stütze und Motor eines geeinten Europa werden soll, dann müssen wir uns darauf besinnen, dass das Wort „Bürger" von „Burg" kommt. Dass Freiheit und Wohlstand keine Selbstverständlichkeiten sind, sondern erarbeitet und verteidigt werden müssen. Dass Wehrhaftigkeit zum Wesen des Bürgers gehört. Der heute als Schimpfwort benutzte Begriff des „Spießbürgers" war ursprünglich eine Bezeichnung, auf die die Betreffenden stolz sein konnten – sie waren diejenigen, welche ihre Stadt mit dem Spieß in der Hand gegen Angriffe verteidigten.

Ein geeintes Europa, das vom Geist der Bürgerlichkeit getragen ist, wird also sehr wohl wehrhaft sein. Es wird ebenso seine Grenzen vor einem Massenansturm schützen, wie sein Gewerbe und seine kritische Infrastruktur vor einer feindlichen Übernahme von außen. Es wird seinen Nationen, seinen Regionen, Gemeinden, Familien und Bürgern so viel Freiheit wie möglich lassen, aber zusammenstehen und das Gemeinsame immer dort verteidigen, wo es nötig ist. Es wird Erfindergeist und Unternehmertum nicht behindern. Es wird mit der ganzen Welt Handel treiben, aber dafür Sorge tragen, dass seine eigenen Bürger von ihrer Hände Arbeit leben können.

Für dieses Europa der Bürgerlichkeit stehe ich! Und wenn genügend Bürger das auch tun, dann bleibt ein solches Europa kein Traum sondern kann sehr bald Wirklichkeit werden.

3.

Recht

Zu den wichtigsten Fundamenten Europas gehört zweifellos die Rechtsstaatlichkeit. Die Zukunft unseres Kontinents wird wesentlich davon abhängen, inwieweit es uns gelingt, die derzeit stark beschädigte Rechtsstaatlichkeit wiederzugewinnen.

Die spezifisch europäische Rechtsordnung hat im Wesentlichen drei Wurzeln: Das Erbe der griechisch-römischen Antike, das Christentum und die Aufklärung.

Erstens die Antike: Die klassischen griechischen Poleis und die Römische Republik verstanden sich als eine Selbstregierung freier Bürger in einer rechtsverbindlichen institutionalisierten Ordnung. Die Kodifizierung des Rechts und geregelte Gerichtsverfahren minimierten die Willkür bei der Rechtsprechung.

Zum zweiten ergänzte mit dem Siegeszug des Christentums die römische Kirche viele Elemente des weltlichen römischen Rechts um einen wichtigen Aspekt: die Gottesebenbildlichkeit des Menschen. Galten in der heidnischen Antike nur die freien männlichen Vollbürger als eigentlich rechtsfähig, so erblickte das Christentum in jedem einzelnen Menschen das Ebenbild Gottes – auch in Sklaven, Halbfreien und Frauen.

Die Vorstellung der Gleichheit Aller vor dem Gericht Gottes war eine wichtige Grundlage für das Prinzip der Gleichheit Aller vor weltlichen Gerichten. Auch wenn der Weg dorthin noch lang und steinig sein sollte, hat er seinen Ausgang vom Christentum gefunden und blieb immer vom Christentum geprägt.

Als drittes schließlich postulierte die Aufklärung den Menschen als vernunftbegabtes Wesen, fähig, sich seines eigenen Verstandes ohne die Anleitung anderer zu bedienen (Immanuel Kant). Der Mensch sollte frei sein von der Bevormundung durch andere. Die auf die Vernunft gegründete und zu sittlichem Handeln strebende Freiheit im Sinne der Aufklärung bedeutet allerdings gerade keine willkürliche, radikalindividualistische Freiheit, welche nur in einen Kampf Aller gegen Alle zum Recht des Stärkeren und so wiederum in die Unfreiheit führen würde. Der vernunftbegabte Mensch soll vielmehr in Gehorsam gegenüber den Gesetzen und der staatlichen Ordnung handeln, welche ihm seine Freiheit garantieren.

Der freie Staatsbürger, Ebenbild Gottes und fähig, sich seines eigenen Verstandes zu bedienen: das ist gewissermaßen die Synthese der antiken, christlichen und aufgeklärten Vorstellung vom Menschen und die Basis der europäischen Rechtsordnung.

Zu diesen rechtsstaatlichen Prinzipien gehören beispielsweise die Gleichheit vor dem Gesetz, verbindliche juristische Prozessordnungen, unabhängige Richter, die Garantie eines effektiven Rechtsschutzes vor allem auch gegen Akte der öffentlichen Gewalt. Dazu gehört, dass Gesetzgebungsverfahren ebenfalls strengen Regeln unterworfen sind, dass Gesetze nicht rückwirkend erlassen werden können, dass sie abstrakt und generell sein müssen und nicht im Hinblick auf Einzelfälle oder Einzelpersonen formuliert.

Im innerstaatlichen und ebenso im zwischenstaatlichen Bereich zielt die Rechtsordnung auf inneren und äußeren Frieden. Man denke beispielsweise an die Magna Carta von 1215, welche die Zuständigkeiten des englischen Königs, Adels und der Kirche gegeneinander abgrenzte. Man denke in den deutschen Landen an den Ewigen Landfrieden von 1495, welcher das Fehdewesen verbot. Oder an die Pariser und Londoner Seerechtsdeklaration (1854 bzw. 1909) und die Haager Landkriegsordnung (1907).

Gewiss war und ist all die aufgeführte Rechtstheorie und vor allem die Rechtspraxis – wie alles Menschenwerk – nicht frei von Unzulänglichkeiten. Aber sie hat unseren Kontinent all die Jahrhunderte hindurch auf hohem zivilisatorischen Niveau gehalten und sie konnte auch immer wieder nach Phasen von Tyrannis und Willkürherrschaft zurückerobert werden.

Zurückerobern müssen wir sie auch heute wieder. Denn gegenwärtig ist diese unsere Rechtsordnung in vielfältigem Maße unterhöhlt und droht einzustürzen.

Da ist zum einen das Gebilde der Europäischen Union. Obwohl die EU massiv in die Verfassungsordnungen ihrer Mitgliedstaaten eingreift, ist weder ihre rechtliche Natur noch ihre konkrete Zielsetzung juristisch und politisch geklärt. Nirgendwo ist festgelegt, welches Ergebnis am Ende des europäischen Integrationsprozesses stehen soll. Die Mitgliedstaaten haben der EU so viele Kompetenzen übertragen, dass z. B. der Europäische Gerichtshof nicht nur in vielen Rechtsfällen die verbindliche und einheitliche Auslegung für sich beansprucht, er sieht sich darüber hinaus als „Motor der Integration", welcher berechtigt sei, das Unionsrecht dynamisch weiterzuentwickeln! Eine gefährliche Entwicklung.

Eine weitere Gefahr besteht darin, dass die vereinbarten Zuständigkeiten und Rechtsformen des Handelns immer häufiger und in immer kürzeren Abständen unterlaufen werden. Die ursprüngliche Stabilitätsarchitektur des Euro wurde bei der ersten großen Wirtschaftskrise handstreichartig ausgehebelt. In der Migrationskrise 2015 wurden der Schutz der Außengrenzen ebenso wie die Drittstaatenregelung einfach ignoriert. In der Coronakrise wurden fundamentale Grundrechte verletzt, unter dem Vorwand der Klimakrise zerstört die Brüsseler Zentrale immer mehr wirtschaftliche Freiheitsrechte zugunsten einer Öko-Planwirtschaft und wofür die Ukrainekrise noch alles herhalten muss, können wir zum jetzigen Zeitpunkt nur ahnen.

Es ist immer dasselbe Prinzip: Eine angenommene oder tatsächliche Krise wird dazu benutzt, geltende rechtsverbindliche Regelungen zu unterlaufen und der Brüsseler Zentrale mehr Macht zuzuschustern, sowohl gegenüber den Mitgliedstaaten als auch gegenüber den einzelnen Bürgern.

Hinzu kommt die andauernde Verletzung des Rechtsgrundsatzes der Gleichheit vor dem Gesetz. Wenn bestimmte Gesetzesverstöße – beispielsweise illegale Grenzübertritte – nicht mehr verurteilt und sanktioniert, sondern de facto mit staatlichen Geldtransfers belohnt werden, andererseits aber Bürger für angebliche „Hassverbrechen“ verurteilt werden, dann hat der Rechtsstaat sich selbst ad absurdum geführt. Erst recht wenn diese Hassverbrechen nur in eine Richtung möglich sind. Mit der wie ein Krebsgeschwür um sich greifenden „Wokeness“ ist die Transformation vom Rechts- in den Gesinnungsstaat in ein neues Stadium getreten: An die Stelle freier und gleicher Bürger treten unterschiedlich privilegierte Gruppen und Grüppchen, die von einer selbsternannten Elite willkürlich bevorzugt oder benachteiligt werden.

Die Zukunft unseres Kontinents hängt davon ab, ob wir die Rechtsstaatlichkeit zurückgewinnen können. Das heißt innerstaatlich eine Rechtsordnung nach den in den ersten Absätzen beschriebenen Grundsätzen. Das heißt innereuropäisch ein verbindliches Regelwerk zwischen den europäischen Staaten, das auf eine Konföderation, nicht aber auf einen Bundesstaat hinausläuft. Und das heißt nach Außen ein gemeinsames Handeln im Bewusstsein der Verletzlichkeit Europas gegenüber globalen Großmächten und globalistisch agierenden Ideologen.

Die europäischen Rechtsprinzipien waren und sind ein Segen und eine Erfolgsgeschichte für den einzelnen Menschen wie auch für die Menschheit als Ganzes. Sie für unsere Kinder und Enkel zu bewahren und wiederzugewinnen ist aller Mühe wert!

4.

Tradition

Der englische Schriftsteller Gilbert Keith Chesterton hat Tradition einmal mit dem treffenden Begriff „Demokratie der Toten“ bezeichnet, als eine „Erweiterung des Wahlrechts auf die Vergangenheit“. Und noch deutlicher: „Die Tradition weigert sich, sich der arroganten kleinen Oligarchie derer zu unterwerfen, die nur zufällig auf der Erde sind.“

Tradition, das ist die Anerkennung der Tatsache, dass wir tiefe Wurzeln haben, dass wir mit einer Vergangenheit verbunden sind, die größer ist, als wir selbst. Sie ist gleichzeitig die Selbstverpflichtung, dieses Erbe zu bewahren, zu pflegen und an unsere Nachkommen weiterzugeben. Wir sind Teil einer Gemeinschaft, die nicht nur aus denen besteht, welche gleichzeitig mit uns leben, sondern auch aus denen, die vor uns gelebt haben und die nach uns kommen werden.

Jeder von uns ist ein Individuum, einmalig und unersetzlich. Doch wir schweben nicht in einem zeit- und ortlosen Raum. Ein Teil dessen, was wir sind, ist geprägt durch eine Kultur, die wir selbst nicht gemacht haben. Wir können diese Kultur mitgestalten, teilweise auch umgestalten und sie weitergeben, aber wir können sie nicht aus dem Nichts erschaffen. Die Schöpfung ex nihilo (aus dem Nichts) ist ein göttlicher Akt, kein menschlicher. Der Wunsch, tabula rasa zu machen und die Welt und den Menschen am Reißbrett neu zu erfinden, ist im Grunde nichts anderes als der satanischen Einflüsterung nachzugeben: „Ihr werdet sein wie Gott.“ (Genesis 3,5)

Die Französische Revolution und der Kommunismus waren in der Vergangenheit von einem solchen Wunsch nach tabula rasa geprägt – mit verheerenden Folgen. Heute ist es der immer stärker um sich greifende Kulturmarxismus, der „reinen Tisch“ mit der Vergangenheit machen möchte, ohne Rücksicht auf Verluste. „Cancel Culture“ ist zu einem Schlagwort für eine neue Bilderstürmerei geworden, die unter dem Vorwand von Antidiskriminierung oder Antikolonialismus unsere europäische Kultur annullieren, tilgen, auslöschen (engl. „to cancel“) möchte.

Der Hass der Protagonisten von Cancel Culture auf die europäische Vergangenheit ist rigoros und erbarmungslos. Was nicht den Maßstäben dieser „arroganten kleinen Oligarchie“ genügt – und das ist im Grunde unsere gesamte Tradition – soll ausgetilgt werden: Denkmäler, Literatur, Musik, Architektur, Philosophie und natürlich die Religion – nichts findet vor den Augen der „Canceller“ Gnade. Dieses Zerstören der Kultur gleicht dem Verhalten der Taliban, die vor zwanzig Jahren jahrhundertealte Buddha-Statuen zerstörten oder der Terrororganisation Boko Haram, einer Gruppe, die ihren Kampf gegen Kultur und zivilisatorische Errungenschaften mit unerbittlicher Härte führt.

Menschen, die überall Diskriminierung wittern, haben keine Probleme damit, den „alten weißen Mann“ mit Hass zu überschütten. Besonders augenfällig wird die Verachtung der Vergangenheit in der Klimabewegung: Verwöhnte Bürgerkinder, die von der Substanz dessen leben, was ihre Eltern und Großeltern aufgebaut haben, werfen eben jenen vor, ihnen die Zukunft zu nehmen.

Dabei geht es diesen Fanatikern im Grunde nicht um die Zukunft. Ist Ihnen schon einmal aufgefallen, dass in der Argumentation der Klimahüpfer deren eigene Nachkommen nur selten bis nie eine Rolle spielen? Dass sie – angeblich um des Planeten willen – sogar auf eigene Kinder verzichten wollen. Das unterscheidet sie von einer konservativen Ökologie (zum spezifisch Konservativen in Natur- und Umweltschutz vgl. unten Kapitel 8), welche stets die Weitergabe des Erbes im Blick hat, wie der Bauer, der seinen Hof so bewirtschaftet, dass auch sein Sohn, Enkel und Urenkel noch davon leben kann.

Die Missachtung der Zukunft und die Missachtung der Vergangenheit gehen Hand in Hand. Sie entlarvt die Klima und Cancel-Culture-Fanatiker als narzisstische Selbstdarsteller, denen es zuvörderst um ihr eigenes Ego geht und die es als Beleidigung ihres kleinen Selbst sehen, Teil einer Kultur und Tradition zu sein, welche größer ist als sie. Dabei wären sie ohne diese Tradition nichts. Der Publizist Michael Klonovsky hat es treffend formuliert: „Wenn man sämtliche Schöpfungen des weißen Mannes von diesem Planeten entfernte, besäßen seine Ankläger weder Zeit noch Mittel, ja nicht einmal Begriffe, um ihn mit Vorwürfen zu überhäufen."

Wir dürfen freilich nicht vergessen, dass derart radikale Formen von Traditionsvergessenheit nicht einfach vom Himmel gefallen sind, sondern sich schleichend entwickelten. Die Abkehr vom Eigenen ist in der EU eine schon lange zu beobachtende Tendenz. Während sich die Gründerväter zum Beispiel der Bedeutung des Christentums noch bewusst waren, weigerten sich die heutigen EU-Führer, im EU-Verfassungsentwurf die christlichen Wurzeln Europas als solche zu benennen. Der von vornherein zum Scheitern verurteilte Wunsch, Europa am Reißbrett zu erfinden, ist längst Teil der Agenda von EU-Eliten.

Wenn Europa eine Zukunft haben will, muss es sich seiner Wurzeln, seiner Tradition bewusst sein. Um einem Missverständnis vorzubeugen: Aus der Tradition leben, heißt keineswegs, etwas Vergangenes zu konservieren. Wir sind keine Mumienpräparatoren! Wir dürfen, ja wir müssen das überkommene Erbe pflegen. Aber so wie ein Gärtner seinen Garten pflegt, der ihn ja nicht einfach konserviert, sondern sehr wohl auch Unkraut jätet und hie und da ein paar Äste abschneidet. Der sich aber nicht anmaßt, den Garten mit seinen Gewächsen selbst erfinden zu können.

Wer die Tradition annimmt, einschließlich ihrer Schwächen und Unzulänglichkeiten, der kann auch zu sich selbst ja sagen. Wenn wir uns als Europäer nicht in Selbstzweifel verzehren wollen, dann müssen wir ja zu unserer Geschichte und Kultur sagen. Dann sind wir auch fähig, unseren Nachkommen den Boden für eine gute Zukunft zu bereiten. Denn wir tragen nicht die Asche weiter, sondern die Glut des Feuers, die unsere Vorfahren angetrieben hat.

5.

Wohlstand und Eigentum

Europa ist eine Erfolgsgeschichte. Nirgendwo sonst auf der Welt können so viele Menschen an einem so hohen Lebenskomfort teilhaben. Nirgendwo sonst ist nicht nur die existenzielle Grundversorgung an Nahrung, Wasser, Obdach, medizinischen Leistungen usw. in einem so hohen Maße gesichert, sondern auch der Zugang zu Bildung, Kultur und der Erwerb von persönlichem Wohlstand für die breite Masse möglich.

Linke Ideologen versuchen derzeit verstärkt, uns diesen Erfolg madig zu machen. Europas Vorsprung sei auf Ausbeutung der Umwelt und ärmerer Länder zurückzuführen, wir müssten nun alle ein schlechtes Gewissen haben, zu drastischem Verzicht bereit sein und unsere „Privilegien" mit der ganzen Welt teilen. In aller Regel sind diese Vorwürfe nichts weiter als eine riesige Heuchelei, denn sie werden vorzugsweise von solchen vorgebracht, die selbst ein materiell sorgenfreies Leben genießen (häufig als Staatsdiener oder indirekt als Empfänger öffentlicher Gelder von den Steuerleistungen ihrer Mitbürger alimentiert) und niemals auf die Idee kämen, auf ihren privaten Komfort zu verzichten.

Auch inhaltlich sind diese Vorwürfe falsch. Die Wurzeln unseres Wohlstandes liegen nicht in Ausbeutung, sondern in einem spezifisch europäischen, genauer in einem spezifisch christlichen Menschenbild. Dieses Menschenbild fördert Fleiß und Erfindungsreichtum und bildet damit die Basis für den europäischen Erfolg.

Wurde körperliche Arbeit in der griechisch-römischen Antike so gut es ging an Sklaven delegiert, so adelte das Christentum die Arbeit als Auftrag Gottes, der den Menschen nicht zum Faulenzen in den Garten Eden gesetzt hatte, sondern damit er ihn „bebaue und bewahre“ (vgl. Gen 2,15). Adelssöhne unterwarfen sich in Klöstern einer harten Arbeitsdisziplin, die gute europaweite Vernetzung der mittelalterlichen Klöster sorgte dafür, dass technische und landwirtschaftliche Innovationen rasch verbreitet wurden, die Ernteerträge sich verbesserten und bislang riesige unbewohnte Gebiete urbar gemacht werden konnten. Im Spätmittelalter kamen die Städte („Stadtluft macht frei“) mit ihren Handwerkern und Kaufleuten als Innovationszentren dazu, in der Frühen Neuzeit erhielt das Arbeitsethos durch die Reformation und später auch in Reaktion darauf durch die Gegenreformation einen weiteren Aufschwung.

Die letzten drei Jahrhunderte markierten schließlich einen nie dagewesen Zuwachs an Wohlstand für die breite Bevölkerung. Man hat dies oft mit einer Abkehr vom Christentum im Zuge der Aufklärung in Verbindung gebracht. Die Wahrheit ist jedoch, dass auch dieses neue Denken tief im Christentum wurzelt. Eine Grundlagenschrift der modernen marktwirtschaftlichen Ökonomie, Adam Smiths „Wohlstand der Nationen" (1776), kann man nur auf dem Hintergrund seines früheren Werks „Theorie der ethischen Gefühle" (1759) richtig verstehen.

Für Smith war der menschlichen Natur das göttliche Naturrecht eingeschrieben. Seine Theorie, dass freie Individuen, welche ihre individuellen Interessen verfolgen, das Gemeinwohl vervielfachen, beruhte auf seinem festen Glauben an die Güte und Vernunft des Menschen, welche wiederum auf der Vorstellung der Gottesebenbildlichkeit gründen. Dass der Ursprung aller Dinge nicht das Chaos sondern der Logos ist (vgl. Johannes 1,1) und dieser kein amoralisches abstraktes Prinzip, sondern ein göttliches Wesen, ja die Liebe selbst ist – das ist der spezifisch christliche Glaube. Und gemäß diesem Glauben hat der Mensch als Ebenbild Gottes teil an dessen Vernunft und Moral.

Es wäre ein grobes Missverständnis der marktwirtschaftlichen Theorie, sie als eine Art Freibrief für den Kampf aller gegen alle zu sehen. Das wäre nicht nur in sich unlogisch – denn der ehrliche, kundenorientierte und mitarbeiterfreundliche Unternehmer ist langfristig auch der wirtschaftlich erfolgreichere.

Vielmehr ist auch im Verhältnis zwischen Wirtschaft und staatlicher Gemeinschaft ethisches Verhalten langfristig lukrativ. Für den Fortschritt einer Gesellschaft ist kaum etwas so hemmend wie Korruption. Wenn man sich die Korruptionsindizes der letzten Jahrzehnte ansieht, wird man leicht erkennen, dass die Staaten mit der niedrigsten Korruption auch die sind, in denen breite Teile der Bevölkerung zu großem Wohlstand gelangen konnten. Und unter den am wenigsten korrupten Staaten sind die allermeisten europäisch und protestantisch geprägt.

Ein geregeltes Eigentumsrecht, Gleichheit vor dem Gesetz, eine funktionierende Justiz, eine effiziente Verwaltung und gute Bildungsmöglichkeiten haben vor allem in den christlich geprägten europäischen Staaten zu einer beispiellosen Hebung des Lebensstandards aller gesorgt. Die ebenfalls sehr erfolgreichen ostasiatischen Staaten haben vielfach das europäische Rezept adaptiert und mit ihren eigenen traditionellen Werten kombiniert.

Dass das marktliberale Prinzip nicht ausartete und zur von Karl Marx erwarteten Konzentration des Kapitals auf ganz Wenige führte, ist zu einem guten Teil auch dem Bestreben christlicher Reformer zu verdanken, möglichst vielen Menschen den Erwerb von Eigentum zu ermöglichen. Die Bedeutung der Genossenschaftsbewegung, welche oft von lokalen Pfarrern angestoßen wurde, kann gar nicht hoch genug taxiert werden.

Im Gegensatz zu den Sozialisten, die auf eine Revolution und staatliche Totalkontrolle hinarbeiteten, waren die christlichen Sozialreformer bestrebt, den Menschen zu Eigentum zu verhelfen. Denn wer Eigentum besitzt, ist weniger abhängig – auch vom Staat. Er ist freier, für sich und die Seinen zu sorgen, und er hat z. B. Zugang zu Krediten und kann damit wiederum wirtschaftliche Innovationen anstoßen.

Dass beispielsweise Polen die wirtschaftlichen Umbrüche der 1990er weitaus besser gemeistert hat als etwa Russland und dass der Liberalisierungsprozess in Polen nicht in einen Raubtierkapitalismus ausartete, ist vor allem Institutionen wie der Kirche, der Gewerkschaft Solidarnosc und einer zutiefst christlich geprägten Zivilgesellschaft zu verdanken.

Der Zugang zu Wohlstand für breite Teile der Bevölkerung, man kann es nicht oft genug wiederholen, ist eine europäische Erfolgsgeschichte. Das war kein Zufall und ist kein Automatismus. Es gab dafür Ursachen. Wenn wir diese Ursachen ignorieren und den erworbenen Wohlstand als eine Selbstverständlichkeit betrachten, auf die jeder gewissermaßen anstrengungslos einen Anspruch hat, werden wir ihn schneller verlieren, als wir denken.

Die Gefahr ist real. Wenn sich Big Money mit Big Government verbündet, wenn global agierende Konzerne und eine kleine politische Elite sich wechselseitig die Macht zuspielen, geraten immer größere Teile der Bevölkerung in Abhängigkeit. Wer schleichend enteignet wird und nicht mehr in der Lage ist, Eigentum zu erwerben oder gar auf staatliche Transferleistungen angewiesen ist, droht zum Sklaven eines inhumanen Systems zu werden. Je zentralistischer dieses System aufgebaut ist, desto weniger Ausweichmöglichkeiten gibt es.

Europa darf die wirtschaftlichen Herausforderungen des 21. Jahrhunderts nicht durch ein Herumdoktern an den Symptomen lösen wollen. Es muss in die Tiefe gehen. Dazu gehört zuallererst die Frage, welches Menschenbild wir haben. Die christliche Vorstellung der Gottesebenbildlichkeit eines vernunftbegabten, zum Guten fähigen Menschen, frei und gleich an Rechten und mit einer unverlierbaren Würde ausgestattet, hat uns erfolgreich gemacht. Auch unabhängig vom persönlichen Glauben wäre es ein Gebot der Vernunft, daran anzuknüpfen.

6.

Subsidiarität

Zu den Erfolgsrezepten Europas gehört der Grundsatz der Subsidiarität. Er besagt, dass so viel Kompetenz und Verantwortung wie nötig in den Händen kleinerer Einheiten – des Individuums, der Familie, der politischen oder kirchlichen Gemeinde, der Region usw. – verbleiben soll und höhere staatliche oder gar überstaatliche Institutionen immer dann und nur dann eingreifen, wenn die Möglichkeiten der kleineren Einheit nicht ausreichen, eine bestimmte Aufgabe zu lösen.

So sehr sich Europa stets seiner religiösen und kulturellen Einheit bewusst war, so sehr haben die verschiedenen europäischen Völker, Stämme und Kommunen auf ihre Eigenständigkeit Wert gelegt. Zentralistische Tendenzen hatten es nie leicht und waren nie von Dauer.

Das Subsidiaritätsprinzip entspricht der Würde des Menschen, denn es traut dem Einzelnen zu, seine Angelegenheiten selbst und in Eigenverantwortung zu regeln. Der Nanny-Staat, der den Bürger wie ein unmündiges Kind zu seinem Glück zwingen will, ist das Gegenteil davon.

Ebenso entspricht das Subsidiaritätsprinzip der Vernunft, denn es erkennt an, dass diejenigen, die von einem Problem unmittelbar betroffen sind, am ehesten entscheiden können, was die beste Lösung ist und auch selbst in der Lage sind, gegebenenfalls Hilfe von einer höheren Hierarchieebene anzufordern.

Subsidiarität ist ein Garant der Freiheit. Nicht jede zentralistische Staatsgewalt ist automatisch auch eine Diktatur. Umgekehrt gilt aber: Jede Diktatur ist zentralistisch. In Diktaturen werden untergeordnete Ebenen zu reinen Befehlsempfängern. Zentralistische Gebilde sind daher ihrer Natur nach anfälliger für diktatorische Bestrebungen als subsidiär aufgebaute. Daher ist auch das erste Bestreben einer jeden Diktatur, die Eigenständigkeit kleinerer Einheiten zu beseitigen.

Subsidiarität dagegen sorgt für Freiheit und Fortschritt gleich in mehrfacher Hinsicht. Wenn es viele kleine Einheiten gibt, die auch in einem gesunden Wettbewerb miteinander stehen, so ist allein durch die Möglichkeit von einer in die andere Einheit zu wechseln, die Gefahr einer Willkürherrschaft begrenzt. Man denke auch an das Schlagwort „Stadtluft macht frei" im Mittelalter oder auch an die deutsche Ost- bzw. Binnenkolonisation. Das Subsidiaritätsprinzip ist somit eine wichtige Ergänzung des demokratischen Mehrheitsprinzips, denn die Möglichkeit des Ausweichens begrenzt die Gefahr, dass aus einer Demokratie eine Diktatur der Mehrheit über die Minderheit wird.

Dasselbe gilt für den Fortschritt: Wenn zum Beispiel verschiedene Kommunen oder Regionen bei vergleichbaren Herausforderungen unterschiedliche Wege einschlagen, so lässt sich relativ rasch feststellen, welche Lösungsansätze erfolgreicher sind. Kluge Politiker werden die besseren Lösungen adaptieren und im eigenen Verantwortungsbereich anwenden. Schlechte Lösungen würden immer nur einen begrenzten Bereich betreffen. Wie fatal es ist, wenn eine Zentrale schlechte Wege einschlägt, zeigt dagegen z. B. Maos „Großer Sprung nach vorn", der in China bis zu 40 Millionen Todesopfer forderte.

Doch nicht nur Diktatoren, sondern auch Dilettanten scheuen den Wettbewerb. Denn wenn unter konkurrierenden Einheiten einige besser sind als andere, wird das Versagen der letzteren umso offensichtlicher. Wer Alternativen vor Augen hat, lässt sich keine angebliche Alternativlosigkeit einreden. Die Wut der Brüsseler Zentrale und vieler westeuropäischen Regierungen auf die ostmitteleuropäischer Staaten mit ihrer alternativen Zuwanderungs- und Familienpolitik, kommt nicht von ungefähr.

Denn obwohl das Subsidiaritätsprinzip in den Verträgen der EU festgeschrieben ist, herrscht in der

Europäischen Union eine immer stärkere Tendenz zur Zentralisierung auf allen Ebenen der politischen Gewalt: Das EU-Parlament hat sich von einem Beratungsgremium zu einer Institution entwickelt, die das Sekundärrecht und den EU-Haushalt mitbestimmt. Die EU-Kommission nimmt immer mehr Regierungskompetenzen wahr. Und der EU-Gerichtshof greift zunehmend in nationales Recht ein.

Mit diesem faktischen Machtzuwachs geht ein Propagandafeldzug einher. Besonders deutlich wird dies im Falle des EU-Parlaments: So wurden bei den letzten beiden Wahlen zum EU-Parlament mit großem Brimborium „europäische Spitzenkandidaten" der Sozial- und Christdemokraten präsentiert, ganz wie es die Bürger von ihren nationalen Wahlen gewohnt sind. Bei den nächsten Wahlen wird nun eine weitere Schippe drauf gelegt, indem EU-weite Listen die nationalen Listen ergänzen.

Auch dürfen wir uns von beschönigenden Begriffen nicht täuschen lassen. „Eine immer engere Union der Völker Europas" oder eine „europäische Integration" klingt natürlich freundlicher und netter als Zentralisierung oder Machtkonzentration in Brüssel, meint aber dasselbe. Noch raffinierter ist der Begriff „Demokratisierung", wenn er eine Kompetenzerweiterung des EU-Parlaments zu Lasten der nationalen Parlamente bewerben will. Es ist eben keine Demokratie, wenn eine höhere, nicht-repräsentative Instanz über die Köpfe der Parlamente souveräner Staaten hinweg entscheiden kann.

Ergänzend muss allerdings auch gesagt werden, dass Subsidiarität nicht Zersplitterung und egoistischer Kampf Aller gegen Alle bedeutet. Eine solche Haltung kann ganze Reiche zerstören, man denke z. B. an die Geschichte des frühneuzeitlichen Polen. Subsidiarität heißt dagegen: Wo bestimmte Angelegenheiten die Fähigkeiten kleinerer Einheiten überfordern, müssen höhere Einheiten zum Tragen kommen. In der EU denke ich dabei konkret an den Schutz der Außengrenzen oder an eine europäische Friedensordnung, die sich von den Großmächten emanzipiert.

In der Praxis versagt die EU freilich gerade hier. Sie ist dort schwach, wo sie stark sein sollte, und sie plustert sich dort auf, wo sie sich zurücknehmen sollte. Das ist das genaue Gegenteil dessen, was das Subsidiaritätsprinzip ausdrückt. Unsere Aufgabe ist es daher, das Machtgefüge der EU wieder vom Kopf auf die Füße zu stellen und damit den segensreichen Grundsatz der Subsidiarität zu verwirklichen.

7.

Die Familie

Die Familie ist die Keimzelle jeder menschlichen Gemeinschaft. Sie geht dem Staat voraus. Sie gehört zu den Grundlagen, die der Staat selbst nicht aus eigener Kraft zu schaffen imstande ist, ohne die er aber nicht dauerhaft existieren kann.

Die erste Stufe der Familie ist die Ehe, die auf Lebenszeit angelegte und auf Fortpflanzung ausgerichtete Verbindung eines Mannes und einer Frau. Die Zweigeschlechtlichkeit des Menschen ist zunächst eine biologische Tatsache. Alle Kulturen aller Zeiten setzen sich damit auf vielfältige Weise auseinander. Auch außerhalb Europas. Man denke an das ostasiatische Konzept von Yin und Yang oder die Vereinigung von Shiva und Shakti in Indien.

Die Zweigeschlechtlichkeit ist ein notwendiger Bestandteil unseres Menschseins, das unterscheidet das Geschlecht von allen anderen körperlichen Merkmalen, wie beispielsweise der Körpergröße oder Augenfarbe. Eine Gemeinschaft auf einer einsamen Insel, die ausschließlich aus z. B. Grünäugigen oder Einarmigen bestünde, wäre überlebensfähig. Eine Gemeinschaft, die ausschließlich aus Männern bestünde, wäre es nicht.

In Europa sticht die Idee der Komplementarität der Geschlechter hervor; das wechselseitige aufeinander Angewiesensein von Mann und Frau. Und so wie das jeweilige Geschlecht weit über das rein Biologisch-Sexuelle hinaus das ganze Wesen des Menschen prägt, so prägt die Zweigeschlechtlichkeit und Komplementarität der Geschlechter die ganze Gesellschaft. Die Institution der Ehe ist der erste und kleinste Ausdruck davon. Sie schafft den Rahmen für das Heranwachsen von Kindern, den Ort, in dem diese Liebe, Geborgenheit und Schutz erfahren, indem sie ihre jeweilige Persönlichkeit entwickeln können. Sie zeigt, dass Fortpflanzung nicht nur biologisch verstanden werden will – Zeugung, Schwangerschaft und Geburt – sondern dass dazu auch die seelische und geistige Dimension des Menschen gehört.

Die Ehe wurde schon von den ersten Stämmen, die Europa bevölkerten, als überwiegend monogam und prinzipiell auf Lebenszeit angelegt verstanden. Unser abendländisches Eheverständnis ist geprägt von römischem Recht, germanischen Bräuchen und der christlichen Lehre. Letztere verbot Ausnahmen von der Monogamie, fügte den Aspekt der Unauflöslichkeit der Ehe hinzu und verurteilte den Ehebruch des Mannes als gleich verdammenswert wie den Ehebruch der Frau.

Diesen Beitrag des Christentums zum europäischen Eheverständnis kann man gar nicht hoch genug einschätzen. Es war das Christentum das die Grundlage für die Gleichberechtigung von Mann und Frau legte, was wiederum eine logische Konsequenz aus der christlichen Lehre von der Gottesebenbildlichkeit beider Geschlechter ist. Dass dies weltweit nicht selbstverständlich ist, erleben wir mit dem Einbruch von Kulturen nach Europa, die dieses Verständnis der Gleichwertigkeit der Geschlechter nicht haben!

Die Komplementarität der Geschlechter bezieht sich auch auf die Kinder. Psychologische Studien zeigen, was der gesunde Menschenverstand schon lange weiß: Dass es für Kinder ungemein wichtig ist, mit Vater UND Mutter aufzuwachsen. Eine stabile Persönlichkeit entwickelt sich am besten innerhalb der Familie. Und das Vorbild beider Eltern prägt nicht nur die eigene Person, sondern hat auch Einfluss auf die Wahl des späteren Ehepartners.

Es ist in wohlverstandenem Eigeninteresse der staatlichen Gemeinschaft, die Familie nicht anzutasten. Familien geben dem Staat viel mehr, als dieser ihnen jemals zurückgeben könnte. Kinder, die in intakten Familien aufwachsen, sind durchschnittlich später die besseren Leistungsträger und sozial weniger auffällig, mit anderen Worten in jeder Hinsicht Nettogeber, nicht Nettoempfänger gegenüber dem Staat.

Ein Staat, der die Familie bekämpft, schneidet sich langfristig ins eigene Fleisch. Weshalb wird der Staat gegenüber der Familie dennoch immer wieder übergriffig? Nun, die Familie ist ein Hort der Freiheit. Vor allem der Freiheit gegenüber dem Staat. Für autoritäre und erst recht totalitäre Machthaber ist daher die Familie Hindernis, Feindbild und Angriffsziel.

Hohe Steuer- und Abgabelasten beeinträchtigen die materielle Autonomie der Familie, umgekehrt sorgen staatliche Zuwendungen für Abhängigkeit. Noch schlimmer ist der staatliche Zugriff auf die Erziehung der Kinder. Wenn der Staat diese nicht mehr zu freien Individuen, sondern zu gehorsamen Untertanen erziehen oder im Sinne einer bestimmten Ideologie formen will, ist die Familie natürlich im Weg. Alle totalitären Regime bekämpfen daher zuvörderst die Familie.

Welche Grundsätze sollen also für die Familienpolitik gelten, damit Europa eine Zukunft hat? Zum einen muss der Familie so viel Autonomie wie möglich zugestanden werden. Dies gilt vor allem in materieller Hinsicht. Steuern und Abgaben müssen für Familien drastisch reduziert werden. Da durch unser Rentensystem der natürliche Generationenvertrag – Eltern ziehen Kinder groß, diese sorgen für die Eltern in deren

Alter – durchbrochen ist, muss die Erziehungsleistung entsprechend auf die Rente angerechnet werden.

Der Staat muss anerkennen, dass die Eltern die ersten Erzieher ihrer Kinder sind. Er muss sich darauf beschränken, die Eltern zu unterstützten – v. a. durch ein gutes Schul- und Bildungssystem – er darf ihnen aber nicht in die Arme fallen. Staatliche Eingriffe sind auf Ausnahmefälle zu beschränken.

Sodann muss die Diffamierung der Familie aufhören. Wenn alle möglichen Lebensformen propagiert, die Familie dagegen lächerlich gemacht oder diffamiert wird, sägt die Gesellschaft an dem Ast, auf dem sie sitzt. Denn gesunde Familien und gut erzogene Kinder sind unsere Zukunft.

8.

Bebauen und Bewahren der Schöpfung

Mit die größte politische Tragik der vergangenen Jahrzehnte ist die Besetzung ökologischer Themen von Links. Denn Ökologie, also das Bebauen und Bewahren der uns Menschen anvertrauten Schöpfung, ist ein urkonservatives Anliegen. Die politische Linke hat das regelrecht gekapert und mittels ihrer Übermacht in Medien und Bildungseinrichtungen zu einem Vehikel sozialistischer Ziele transformiert. Es ist hoch an der Zeit, dass europäische Konservative die Ökologie wieder als ihr Thema zurückerobern. Nur so werden sie auch die junge Generation für sich gewinnen können.

Denn das gute und richtige Anliegen des Umweltschutzes wurde durch linke Agitatoren regelrecht pervertiert und ins Gegenteil verkehrt (exemplarisch in Deutschland an der Partei „Die Grünen“ zu sehen). Es wird instrumentalisiert, um eine sozialistische Diktatur zu etablieren. Dabei ist echte Ökologie innerhalb jeder linken Ideologie ein Fremdkörper. Denn die Linke huldigte schon immer einem verantwortungsfreien Machbarkeitsdenken: Technologischer Fortschritt sollte in deren Augen ohne Rückbindung an den göttlichen

Auftrag des „Bebauens und Bewahrens" Hand in Hand gehen mit politischem und humanem Fortschritt.

Erst in den 1960ern und 1970ern entdeckten linke Gruppen dieses Thema für sich. Im Zuge der technischen Entwicklung und wirtschaftlicher Prosperität „verbürgerlichten" sowohl die Arbeiterschaft als auch die Landbevölkerung. Die Verbesserung der eigenen Lebensumstände, Teilhabe am allgemeinen Wirtschaftswachstum und materieller Komfort ließen keinen Platz mehr für die Weltrevolution. Die Linke hatte ihre Zielgruppe verloren. Und nun instrumentalisierte sie die Ökologie als eine Art Rachefeldzug am kleinen Mann, dem man damit ein schlechtes Gewissen einreden konnte.

Noch bedeutender aber war und ist die Möglichkeit, über das Thema Ökologie eine sozialistische Herrschaft zu etablieren. Denn da es angeblich um nicht weniger als die schnellstmögliche Rettung des Planeten gehe, könne nur eine staatlich gelenkte und global koordinierte Öko-Wirtschaft die Menschheit vor dem Untergang retten. Dass die Fridays-For-Future-Protagonisten keine Berührungsängste zu Linksextremisten kennen und auf Demonstrationen offen zur Überwindung des Kapitalismus aufgerufen wird, ist kein Zufall. Man ignoriert dabei geflissentlich, dass die ehemaligen und jetzigen kommunistischen Staaten die größten

Umweltverschmutzer der Menschheitsgeschichte waren und noch sind.

Dabei folgt fast die gesamte heutige Ökobewegung dem oben erwähnten Machbarkeitswahn, was zu dem Widerspruch führt, dass technische Folgeschäden durch noch mehr Technik und Umweltverschmutzung durch noch mehr Ressourcenverbrauch bekämpft werden: „Grüne Energie“ durch Wind wird beispielsweise gewonnen, indem Wälder abgeholzt, Böden versiegelt und Vögel und Fledermäuse geschreddert werden. Abwrackprämien und Umweltplaketten machen aus funktionierenden Autos wertlosen Schrott, dafür legt man sich dann kurzlebige Elektrofahrzeuge zu, deren Bau Unmengen an „nichtgrüner“ Energie und ethisch oft fragwürdig gewonnener Rohstoffe verschlingt. Sinnvoller technologischer Fortschritt sieht anders aus.

Der größte Widerspruch ist aber: Diejenigen, die sich angeblich die Rettung der Natur auf die Fahnen geschrieben haben, stellen die Natur des Menschen als Mann und Frau infrage, sie erklären das Geschlecht zu einem Konstrukt, das man willkürlich ändern könne, auch durch Verstümmelung oder die Einnahme von schwer schädlichen Medikamenten. Die Infragestellung des natürlichen Geschlechts durch Transgender findet seine Vollendung durch die Infragestellung des Menschen selbst durch den Transhumanismus. Der wichtigste Vordenker von Klaus Schwabs Weltwirtschaftsforum, Yuval Noah Harari, strebt mittels Nanotechnologie, Hochleistungsrechnern und Genmanipulation eine Art Vergöttlichung des Menschen an! Auf diese Weise möchte man alle Probleme, auch die Umweltprobleme, lösen. Das ist Gnosis in ihrer Vollendung, der Wunsch nach Selbsterlösung, die diabolische Verführung des „Ihr werdet sein wie Gott".

Konservative, ökologisch denkende Europäer werden diesem menschen- und naturfeindlichen Machbarkeitswahn die Anerkennung der menschlichen Natur selbst entgegensetzen; in ihrer Würde, in ihrer Größe und in ihrer Begrenztheit. Sie erkennen an: Der Mensch ist einerseits Teil der Natur, unterscheidet sich jedoch auch von allen anderen Lebewesen durch seine Vernunft: Er kann sich selbst, sein Handeln und die Natur, die ihn umgibt, reflektieren. Die Bibel drückt im Buch Genesis (1. Mose 2,7) sehr schön aus: Gott formt den Menschen einerseits aus dem Ackerboden und bläst ihm andererseits seinen Odem ein.

Im selben Buch steht „Und Gott der Herr nahm den Menschen und setzte ihn in den Garten Eden, dass er ihn bebaue und bewahre." (1. Mose 2,15) Die Indienstnahme von Gottes Schöpfung ist keine Freveltat, sondern Aufgabe des Menschen. Dazu gehören nicht nur Landwirtschaft und Viehzucht, sondern auch die

Verwendung von Rohstoffen und Energieträgern, von Gold und Edelsteinen, das heißt Technik und Industrie, Kultur, Architektur und Kunst. Wir dürfen und sollen unser Leben und das unserer Mitmenschen durch den Gebrauch der Schöpfungsgüter verbessern, verschönern und füreinander nutzen.

Gleichzeitig sollen wir den „Garten", das heißt die Schöpfung aber auch bewahren. Tiere und Pflanzen besitzen als Mit-Geschöpfe ihren eigenen Wert und sind nie bloß Mittel zum Zweck.

Die Fähigkeit des Menschen, sein Handeln zu überblicken und zu reflektieren, befähigt ihn, sowohl vorausschauend als auch ethisch zu handeln. Der Mensch kann und muss Verantwortung tragen – seiner Umwelt gegenüber, vor allem aber auch seinen Mitmenschen gegenüber, auch den schon Verstorbenen und den noch nicht Geborenen.

Der bäuerliche Familienbetrieb zeigt dies sehr anschaulich: Wer Respekt vor dem Erbe seiner Vorfahren hat und seinen Kindern einen intakten Hof hinterlassen will, wird ihn so bewirtschaften, dass auch nachkommende Generationen davon leben können. Daher sind die aktuellen Angriffe beispielsweise der niederländischen Regierung auf ihre Landwirte, aber auch grundsätzlich die Vernachlässigung der Sorgen und Nöte unserer Landwirte durch den Staat ein nicht akzeptabler Affront gegen ein Fundament unserer Gesellschaft.

Im übertragenen Sinne gilt verantwortungsbewusstes Handeln für alle, die ihren Nachkommen eine intakte Welt hinterlassen wollen. Und damit sind wir beim zentralen Punkt konservativer Ökologie: Sie speist sich aus Selbstachtung und aus der Liebe zum Menschen, vor allem zur eigenen Familie, dann auch zur kommunalen Gemeinschaft, zur Region und zum eigenen Volk. Die linke Pseudo-Ökologie gründet dagegen in (Selbst-)Hass und Hass auf das Menschsein an sich. Eine solche Sicht kann den Menschen nur als Feind der Natur sehen, der am besten verschwinden oder im Transhumanismus überwunden werden soll.

Während Linke dem unbestreitbar existierenden Problem eines ausufernden Konsums und Ressourcenverbrauchs mit typisch linken Methoden – Verboten, Vorschriften, zentralstaatlicher Steuerung, abstrakten utopischen Zielsetzungen – begegnen und damit alles nur schlimmer machen, setzen Konservative dem Materialismus die Wertschätzung ideeller Güter entgegen: Religion, Kultur, Gemeinsinn, Familie.

Denn wer den Sinn des Lebens nicht im Hier und Jetzt, nicht im schnellen Ge- und Verbrauchen sieht, wird wie von selbst auch ökologisch handeln. Wer sich von Gott und seinen Mitmenschen geliebt und gewürdigt weiß, braucht keine Konsummaximierung zur Selbstbestätigung. Wer das Ziel seines Lebens in der Gemeinschaft mit Gott sieht, wird sich nicht an irdische Güter klammern. Wer eine Familie gründet, wird Rücknahme des eigenen Egos, Verzicht, Sparsamkeit und Nachhaltigkeit verinnerlichen. Wer heimatverbunden ist, wird seine Heimat nicht mutwillig zerstören und zerstören lassen.

Eine konservative Ökologie besteht also nicht – und dieser Aspekt ist sehr wichtig! – in einem Gegenprogramm zum globalistischen, öko-sozialistischen Programm, sondern in einem anderen Denken, wobei die Aspekte, die in den übrigen Kapiteln dieses Buches vorgestellt werden, wie z. B. christliche Wurzeln, Familie, Subsidiarität, ineinandergreifen.

9.

Demokratie

Zu den Grundlagen Europas gehört selbstverständlich auch die Demokratie. Und so wie viele andere unserer Wurzeln ist auch sie auf mannigfache Weise gefährdet. Demokratie muss gepflegt werden, damit sie erhalten bleibt.

Sehen wir uns zunächst einige zentrale Aspekte von Demokratie und ihre Entwicklung in Europa an:

Demokratie bedeutet „Herrschaft des Volkes“. Sie setzt also die Existenz eines Volkes voraus. Das mag trivial erscheinen, doch wir werden sehen, wie wichtig dieser Aspekt ist. Außerdem ist sie eine Form von Herrschaft, also nicht Anarchie oder Kampf aller gegen alle.

Die Denker der griechischen Antike sahen die Volksherrschaft in Opposition zur Adelsherrschaft wie auch zur Herrschaft eines einzigen, zur Monarchie. Das Volk, der „Demos“, sollte selbst über seine Geschicke entscheiden. Alle, die nicht zum Demos gehören, das heißt alle, die keine Staatsbürger sind, sind somit von der Herrschaft ausgeschlossen. Ausdruck der Demokratie war die Volksversammlung aller Bürger, welche nicht nur wichtige Entscheidungen traf, sondern auch die Beamten wählte. Dieses System setzt allerdings den

Stadtstaat voraus, denn nur in seinem Rahmen ist solch eine Versammlung möglich und sinnvoll. Es würde im Rahmen dieses Beitrags zu weit führen, alle Verästelungen der antiken Staatsformen zu beschreiben, wir wollen uns deshalb auf einige grundlegende Elemente beschränken:

Zum einen ist da der Grundsatz der Mehreitsentscheidung. Er ist auch für die Minderheit bindend. Zum anderen gehört zur Demokratie auch die Freiheit: sowohl die Freiheit, sich in öffentliche Ämter wählen zu lassen und am politischen Leben teilzuhaben, als auch die Freiheit, das individuelle Leben so zu gestalten, wie man will. Sodann die Einschränkung und Kontrolle derer, denen man politische Ämter übergibt, z. B. durch die zeitliche Begrenzung der Amtsdauer, der Kollegialität (d. h. es werden keine Alleinherrscher gewählt), der Rechenschaftspflicht usw.

Unsere heutigen Demokratieformen speisen sich neben dem Erbe der griechischen Poleis und der römischen Republik auch aus weiteren europäischen Quellen, man denke etwa an die germanische Einrichtung des Things, die Versammlung der freien Männer. In Island beispielsweise beschloss das Thing im Jahre 1000, das Christentum einzuführen. Auch die mittelalterlichen Klöster, in denen die Mönche ihre eigenen Angelegenheiten in gemeinsamen Versammlungen besprachen und entschieden und ihre Vorsteher selbst wählten, wirkten prägend.

Im hohen und späten Mittelalter waren es die Städte, in denen Abstimmungen nach dem Mehrheitsprinzip aufrechterhalten wurden, allerdings nicht für alle Bürger. Doch griff man mit der Zeit immer stärker auf antike Vorbilder zurück und debattierte, ausgehend von antiken Texten, über die rechte politische Ordnung. Unterdessen setzte sich in ländlichen Schweizer Kantonen die Landsgemeinde als demokratische Debatten- und Abstimmungsversammlung durch.

All diese Formen hatten gemein, dass sie kleine politische Einheiten betrafen. Für größere Gebilde und die später entstandenen Nationalstaaten setzte sich das demokratische Prinzip erst später durch, notwendigerweise ergänzt um ein weiteres Prinzip, da die Versammlung aller Stimmbürger an einem Ort für sie schlechterdings nicht möglich ist: die Repräsentation der Stimmberechtigten durch gewählte Vertreter.

Die Demokratie ist ein Erfolgsmodell Europas. Doch auch sie lebt, wie „der freiheitliche, säkularisierte Staat von Voraussetzungen, die" sie selbst nicht geschaffen hat und nicht schaffen kann. Da ist zum einen die Orientierung am Gemeinwohl. Wenn sich demokratisch getroffene Entscheidungen nicht daran orientieren, was für alle das Beste wäre, sondern

Partikularinteressen dienen, schaden sie auf Dauer dem Ganzen. Doch dies kann weder durch formale Regularien noch durch Gerichtsbeschlüsse erzwungen werden, sondern hängt einzig vom guten Willen und der Klugheit der Abstimmenden bzw. ihrer Wähler ab.

Sodann erfordert das Prinzip des Mehrheitsentscheids, der auch für die Minderheit verbindlich ist, eine gewisse Homogenität. Damit ein Volk (Demos!) ein Volk ist und bleibt, muss es ein Gefühl der Zusammengehörigkeit und gewisse gemeinsame Werte haben. Wo es dauerhaft strukturelle Minderheiten gibt – zum Beispiel ethnischer, sprachlicher oder religiöser Art – besteht entweder die Gefahr einer Diktatur der Mehrheit über die Minderheit oder der Zerfall des Staates in Einzelgruppen mit jeweiligen Sonderinteressen. Bezeichnenderweise waren in der Neuzeit die Vielvölkerstaaten Europas – die Habsburgermonarchie und Russland – auch die am stärksten autokratisch und undemokratisch regierten.

Und damit wären wir bei den Gefahren, die der Demokratie heute drohen. Da ist zum einen die EU, die kein Staatsvolk kennt, und deswegen, ihrer Natur nach, keine Demokratie sein kann. Dass die Brüsseler Zentrale mit dem enormen Einfluss nicht demokratisch gewählter Lobbyisten immer mehr Kompetenzen an sich zieht und zu glauben meint, sie wisse schon selbst, was für die europäischen Völker gut sei, ist eine bedenkliche, ja bedrohliche Entwicklung. Und wenn EU-Gerichte nationale Abstimmungen für ungültig erklären können, dann ist die Souveränität der demokratisch verfassten Nationalstaaten ausgehöhlt.

Eine weitere Gefahr ist das Aufkommen von Parallelgesellschaften in den westlichen Staaten. Wo der Demos verschwindet und heterogene „Communities" an seine Stelle treten, da verschwindet auch die Demokratie. Hinzu kommt die zunehmende Forderung nach Quoten für alle möglichen Gruppen. Damit wird das Mehrheitsprinzip vor allem aber das Prinzip der Gleichheit jeder Stimme verletzt.

Und schließlich braucht Demokratie auch das Forum der Öffentlichkeit, die freie und kontroverse Debatte. Diese ist heute schon oft nicht mehr gegeben. Wenn die Justiz mit neu erfundenen Delikten wie „Hassrede", „Diskriminierung" o. ä. Andersdenkende verfolgt, wenn die Massenmedien kontroverse Meinungen nicht mehr gleichberechtigt abbilden, wenn das Äußern gewisser Meinungen soziale Ächtung nach sich zieht, dann ist die Demokratie massiv untergraben, auch wenn demokratische Strukturen formal noch intakt sein mögen.

All diese Gefahren sind eine ernsthafte Bedrohung und deren Abwendung wird nicht wenig Kraft beanspruchen. Die Verteidigung der nationalen Souveränität und die Wiederherstellung einer umfassenden Öffentlichkeit sind Voraussetzungen für eine echte Demokratie.

10.

Frieden und Sicherheit

Frieden und Sicherheit sind Ur-Sehnsüchte des Menschen. Die allermeisten von uns dürften die Frage, ob sie vor äußeren Gefahren geschützt und in Sicherheit leben wollen, bejahen. Die Mythen vieler Kulturen – in Europa beispielsweise der griechisch-römischen, aber auch der nordischen – kennen eine Art „Goldenes Zeitalter“, welches diese Sehnsüchte widerspiegelt. In der jüdisch-christlichen Tradition ist es der Garten Eden, den der Mensch aus eigener Schuld verloren hat.

Dieses verlorene Glück zumindest teilweise wiederzugewinnen, ist das Idealziel menschlichen Strebens auch in der Politik. Die Bibel berichtet vom Zeitalter des Königs Salomo als einer Periode, in welcher man diesem Ziel sehr nahe gekommen war, und dass unter seiner Regentschaft „Juda und Israel sicher wohnten, jeder unter seinem Weinstock und unter seinem Feigenbaum“ (1Kön 5,5). Dieses schöne Bild steht in Kontrast zu den „Dornen und Disteln“ und dem Brot, das der Mensch „im Schweiße des Angesichts“ essen muss (vgl. 1Mose 3,17-19), nachdem er aus dem Paradies vertrieben wurde.

Dieses Bild drückt auch aus, dass Friede mit einem gewissen Maß an Wohlstand, vor allem aber mit Freiheit verbunden ist. Denn Jeder sitzt unter SEINEM Weinstock und SEINEM Feigenbaum, darf also die Früchte seiner Arbeit und seines Eigentums genießen. Es ist nicht der König – modern gesprochen der Staat –, der einen Kollektivbesitz verwaltet und jedem etwas davon zuteilt; er schafft durch eine gerechte und sichere Ordnung lediglich den Rahmen, in dem Arbeit, Erwerb und Genuss nach dem freien Willen jedes Einzelnen möglich sind. Sicherheit darf auch nicht auf Kosten der Freiheit gehen. Permanente Kontrolle oder Einschüchterung zur Aufrechterhaltung von Ordnung und Sicherheit ist nichts weiter als eine bösartige Karikatur des inneren Friedens. Eine echte Friedensordnung respektiert die Freiheit des Einzelnen, wie auch die Freiheit der Völker.

Voraussetzung dafür ist eine weise Regentschaft, wie sie die Bibel am Beispiel Salomons (zumindest in seinen frühen und mittleren Jahren) verwirklicht sieht. Voraussetzung für eine solche Regentschaft ist wiederum, dass Salomo über ein „hörendes“ – bzw. je nach Übersetzung ein „gehorsames“ – Herz verfügt, sodass er als Herrscher das „Volk richten könne und verstehen, was gut und böse ist“. (vgl. 1Kön 2,9)

Eine Friedensordnung ist also abhängig von Gerechtigkeit, welche nicht einfach nur einem Konsens oder Kompromiss, sondern der Natur des Menschen entspringt. Der Staat kann dieses grundlegende Recht nicht von sich aus setzen, er findet es als gegeben vor. Er legt Gut und Böse nicht selbst fest, sondern er „versteht, was gut und böse ist“. Wenn wir eine stabile Friedensordnung wollen, so müssen wir dem unveräußerlichen, jedem Menschen zustehenden Naturrecht wieder zur Geltung verhelfen. Dass Ideologien, welche nicht nur das Naturrecht, sondern sogar die Natur des Menschen selbst leugnen, weder Frieden noch Sicherheit noch Gerechtigkeit hervorbringen können, versteht sich von selbst.

Wir sehen also, dass Frieden weit mehr ist, als das Schweigen der Waffen. Doch natürlich ist die Abwesenheit von Krieg die notwendige Grundlage dafür. Europa war im Laufe der Jahrhunderte Schauplatz für fürchterliche Kriege. Und gleichzeitig haben die Staatsmänner immer wieder um Frieden gerungen – mit zumindest temporärem Erfolg. Stets waren diese Bemühungen vom Bewusstsein einer europäischen Zusammengehörigkeit getragen. Das Wissen um das gemeinsame antike und christliche Erbe war bei jeder Bemühung um Frieden präsent.

Die Gründerväter der Europäischen Gemeinschaft, aus der später die Europäische Union hervorging, waren sich dessen nach der Katastrophe des Zweiten

Weltkriegs durchaus bewusst. Ihr Streben nach einer friedlichen Koexistenz der europäischen Völker war zutiefst geprägt von christlichem Geist. Wer glaubt, sich von dieser geistigen Basis des europäischen Einigungsprozesses trennen zu können, wie von einem aus der Mode gekommenen Kleidungsstück, entzieht der europäischen Friedensordnung das Fundament. Frieden ohne Gott ist auf Sand gebaut!

Freilich wäre die Vorstellung naiv, dass Frieden ohne eine gewisse Wehrhaftigkeit möglich sei. Der oben erwähnte Friedenskönig Salomo hat beispielsweise Städte an den Grenzen seines Reiches gebaut oder befestigt, um gegen Angriffe von außen gewappnet zu sein. Gleichzeitig hat er Handel mit der ganzen damals bekannten Welt getrieben und Gesandtschaften ferner Länder gastfreundlich empfangen. Auch eine europäische Friedensordnung wird nicht ohne den Schutz vor potenziellen äußeren Gefahren auskommen können und gleichzeitig offen für den Austausch mit der ganzen Welt sein.

Wir wollen ein wehrhaftes Europa, das – unter der Berücksichtigung der Souveränität seiner Staaten – sich im Notfall auch gemeinsam verteidigen kann. Keine „Festung Europa", wie es mitunter polemisch heißt, sondern ein gastfreundliches Haus, in dem für alle gewisse Regeln gelten und dessen Bewohner selbst entscheiden können, wem und wann die Türen offen stehen und wann sie geschlossen werden und ebenso, welche Gäste gegebenenfalls auch wieder hinauskomplimentiert werden.

Wir wollen friedlich Handel treiben mit der ganzen Welt, aber unsere Interessen auch nachdrücklich verteidigen, wo es nötig ist. Wir wollen uns nicht zu einem Spielball fremder Mächte machen lassen und uns nicht in Interessenkonflikte anderer einmischen, wie wir auch uns verbitten, dass sich andere in unsere Angelegenheiten mischen. Vor allem aber wollen wir europäische Völker und Staaten untereinander Frieden halten.

11.

Trennung von Staat und Kirche

„Gebt dem Kaiser, was des Kaisers ist, und Gott, was Gottes ist“ (Markusevangelium 12,17). Diese berühmte Sentenz Jesu legte die Basis für eine europäische Errungenschaft, die weltweit einmalig ist: die Trennung von Kirche und Staat, von Religion und Staat, von der religiösen und politischen Sphäre. Sie ist aber weit mehr, denn sie begründet auch die Freiheit jedes Einzelnen von staatlichen Zumutungen.

Die Trennung dieser beiden Sphären war bis dahin unbekannt. Gottheiten wurden einem bestimmten Volk oder Stamm zugeordnet, eine militärische Niederlage schloss auch eine Niederlage der Götter des Unterlegenen ein. Religion und Staat waren vielfach eins. Das konnte unterschiedliche Formen annehmen, beispielsweise die der Theokratie, in der de facto eine Gruppe von Priestern herrschte. Die starke Stellung der Druiden in den keltischen Gesellschaften ist dafür ein Beispiel. In anderen Gesellschaften war der König oder Anführer gleichzeitig oberster Priester. Eine Abkehr von der Stammes- oder Volksreligion bedeutete de facto Landesverrat.

Auch im römischen Reich war das Verbrennen einiger Weihrauchkörner vor den Bildnissen der Staatsgottheiten obligatorisch für jeden, der loyaler Staatsbürger sein wollte. Auch wenn dieser religiöse Akt im Laufe der Zeit zu einer Formalie herabgesunken war und die Menschen privat kaum noch an die Staatsgötter glaubten, sondern allen möglichen Mysterienkulten huldigten. In diese Situation platzt nun regelrecht der Ausspruch Christi hinein, man solle dem Kaiser geben, was dem Kaiser gehört und Gott, was Gott gehört.

Im Kontext war dieser Satz eine kluge Antwort auf eine Falle, welche einige Schriftgelehrte Jesus mit der Frage stellten, ob es erlaubt sei, dem Kaiser Steuern zu zahlen. Hätte Jesus mit ja geantwortet, wäre er als Unterstützer der römischen Besetzungsmacht diskreditiert gewesen. Hätte er mit nein geantwortet, hätte man ihn als Aufrührer gegen Rom verklagen können.

Doch ist dieser Satz weit mehr als eine clevere, schlagfertige Reaktion. Er entspricht dem Anspruch Jesu vor Pilatus, ein König zu sein, dessen Reich aber nicht von dieser Welt ist (Johannes 18,36f). Er korrespondiert auch mit den Taten Jesu, der niemals politische oder gar militärische Macht anstrebte oder solche zur Verbreitung seiner Botschaft nutzte. Die Christen der ersten Jahrhunderte folgten den Lehren und dem Vorbild Jesu. Sie verstanden sich als loyale, gesetzestreue Staatsbürger, die jedoch der staatlichen Gewalt dort trotzten, wo sie in die Sphäre des Glaubens eingriff. So weigerten sie sich, auch nur pro forma den römischen Staatsgöttern zu opfern.

Mit der Ausbreitung des Christentums und seiner Etablierung als Staatsreligion setzte ein kompliziertes Beziehungssystem und eine wechselseitige Abhängigkeit von Religion und Politik ein. Das liegt zunächst in der Natur der Sache. Wenn der jeweilige Herrscher, die Mehrheit der Führungsschicht und die Mehrheit des Volkes Christen sind, fließen christliche Vorstellungen und Werte ganz automatisch auch in die Politik ein, gleichgültig ob es sich beim politischen System um eine Monarchie, Aristokratie oder Demokratie handelt.

Jedoch kam es nie zu einer kompletten Verschmelzung der beiden Sphären, wie in vielen außereuropäischen Gesellschaften. Und auch wenn die institutionelle Verflochtenheit von Kirche und Staat, von Religion und Staat teilweise sehr eng war und sich daraus weitere Probleme entwickelten, so gab es im Laufe der Geschichte immer wieder auch Gegenbewegungen aus der Christenheit selbst heraus. Denn die Trennung der beiden Sphären liegt nun einmal in der DNA des Christentums.

Und auch wenn Christen im Laufe der Geschichte bedauerlicherweise immer wieder staatliche und militärische Macht instrumentalisierten, um den Glauben mit Gewalt zu verbreiten – sie konnten und können sich dabei nie auf das Vorbild und die Lehre ihres Religionsstifters berufen, ja sie WIDERSPRECHEN mit diesem Handeln ihrem Religionsstifter. Dies ist ein ganz entscheidender Unterschied zum Islam. Muslime ENTSPRECHEN dem Vorbild und der Lehre ihres Religionsstifters, wenn sie ihren Glauben mit Hilfe von staatlicher oder militärischer Gewalt verbreiten!

Aber, so werden jetzt manche fragen, widerspricht sich der Kuhs da nicht selbst, wenn er einerseits die Trennung von Kirche und Staat postuliert und andererseits in vielen seiner politischen Reden ausdrücklich auf das Christentum Bezug nimmt? Keineswegs. Wie ich dargelegt habe, ist diese Trennung etwas spezifisch Christliches. Wo die Aufklärung und ihre praktische Umsetzung – beispielsweise im französischen Laizismus – diese Trennung propagiert, artet es in der Praxis meist in eine Art Staatsvergottung oder einen staatlich geförderten quasireligiösen Atheismus aus. Denn es gibt keine totale Abwesenheit von Religion. Das Christentum – recht verstanden und gelebt – wird dagegen die Autonomie des Staates respektieren und somit auch Platz für andere religiöse Überzeugungen gewähren, während ein laizistischer Staat leicht dazu tendiert, ALLE Religionen zu unterdrücken.

Was bedeutet das „gebt dem Kaiser, was des Kaisers ist und Gott, was Gottes ist" dann aber konkret? Der

Christ kann sich hier durchaus einer gewissen Spannung ausgesetzt sehen: dem Gehorsam gegenüber der staatlichen Obrigkeit, der ausdrücklich eine christliche Pflicht ist (vgl. Röm 13,1ff) und dem Gebot, dass man Gott mehr gehorchen muss, als den Menschen (vgl. Apostelgeschichte 5,29).

Um diese Frage zu beantworten, muss man also zunächst fragen: Was ist des Kaisers – d. h. des Staates? Und was ist Gottes? Was steht dem Staat zu, was steht Gott zu?

Christen erkennen die Notwendigkeit eines funktionierenden Staatswesens an. Dazu gehört der Respekt vor den bestehenden Gesetzen, dazu gehören Steuern, dazu gehört auch ein funktionierendes Polizei- und Justizwesen. Das war von Anfang an so. Die politische Stabilität des römischen Reiches bis hin zu seiner hochentwickelten Infrastruktur wurden von den ersten Christen nicht nur wertgeschätzt, sondern geradezu als Voraussetzung für die Weitergabe und die Ausbreitung des Glaubens gesehen.

Eine Tribalisierung des Staates mit weit gestreckten religiösen Sonderrechten für jedes kleine Grüppchen, verschiedene Arten von Anarchie oder ein Kampf Aller gegen Alle sind nicht im Sinne der christlichen Lehre. Wo Gesetze als unvernünftig, falsch oder schädlich empfunden werden, kann und soll man ihre

Änderung anstreben, aber auf legitimem Wege, nicht durch Revolution.

Hinzu kommt, dass in vielen politischen Angelegenheiten unterschiedliche Antworten auch von Angehörigen der gleichen Religionsgemeinschaft möglich sind. Christen können sich in verschiedenen Parteien wiederfinden und in vielen Sachfragen gegensätzlich abstimmen, ohne deswegen aufzuhören, Christen zu sein. Und die Kirchen müssen sich davor hüten, selbst zur Partei werden zu wollen, sich selbst in alle politischen Angelegenheiten einmischen zu wollen. Die Politisierung der Kirchen gerade in Deutschland ist ein Übel, gewissermaßen das spiegelbildliche Extrem zum Laizismus.

Wo aber beginnt dann die Sphäre der Religion oder genauer gesagt: Was gehört Gott? Im Buch Genesis, Kapitel 2 steht, dass Gott einen Teil seiner Schöpfung – die Erde mit ihren Pflanzen und Tieren – den Menschen zur Verfügung gegeben hat. Über den konkreten Weg dieser Verfügung können und dürfen die Menschen selbst entscheiden. Was Gott dem Menschen jedoch NICHT zur Verfügung gestellt hat, ist der Mensch selbst! Der Mensch, sein Leben, seine Seele gehört Gott.

Der Staat darf also niemals über den Menschen selbst verfügen. Hier endet seine Gewalt. Er kann seine

Staatsbürger durchaus zur Verteidigung des Gemeinwesens in die Pflicht nehmen, er darf sie aber nicht einfach opfern. Er darf sie nicht als bloße Teilchen eines Kollektivs sehen, das nationalsozialistische „du bist nichts, dein Volk ist alles", widerspricht der europäischen und christlichen Tradition fundamental.

Der Staat muss das Lebensrecht aller Menschen respektieren und wo nötig auch verteidigen (dazu mehr im nächsten und letzten Kapitel). Er darf nicht die Natur des Menschen angreifen, wie wir es derzeit durch die Gender-Ideologie erleben. Er darf nicht die Seelen der Menschen durch Gehirnwäsche manipulieren. Er darf nicht Menschen zu medizinischen Versuchsobjekten machen. Und er muss dem Menschen ermöglichen, seine Beziehung zu Gott in Eigenregie zu regeln, das heißt, er muss Religionsfreiheit gewähren.

Wenn es um die Verletzung der menschlichen Würde geht, ist Widerstand nicht nur erlaubt, sondern geradezu geboten. Ebenso dann, wenn der Staat sich selbst zu einem Abgott macht, der den Menschen mittels politischer Maßnahmen erlösen will.

Abschließend sei gesagt, dass die Trennung von Staat und Kirche niemals hundertprozentig nach Schema F möglich ist. Dies muss immer neu austariert werden und die einzelnen Staaten werden dies ihrer jeweiligen Kultur und Tradition entsprechend auch unterschiedlich handhaben. Aber es ist anzustreben – und auch davon wird die Zukunft Europas abhängen –, dem religiösen und dem staatlichen Bereich wieder ihre je eigene Autonomie zuzugestehen. Politische Fragen religiös aufzuladen, sie quasi zu einer Entscheidung über Gut und Böse zu erheben, ist der falsche Weg und er wird noch falscher, wenn die Kirchen dabei mitmachen. Umgekehrt muss der Staat seine Grenzen respektieren, seinem Bestreben, auf den Menschen selbst Zugriff zu erheben, muss wenn nötig entschiedener Widerstand entgegengesetzt werden.

Die Trennung von Staat und Kirche gehört mit zu den Grundlagen des europäischen Erfolgsweges. Gehen wir diesen Weg weiter und verlassen wir die gegenwärtig en Voguen befindlichen, vielfältigen Irrwege!

12.

Lebensschutz und Lebensrecht

In den vorangegangenen Kapiteln habe ich einige grundlegende Punkte dargelegt, welche nach einer radikalen Transformation der derzeitigen EU die notwendige Basis beim Aufbau eines Europa der Vaterländer bilden werden. Denn ich bin überzeugt, dass ein bloßes Nein zu den bestehenden Verhältnissen nicht genügt. Wir brauchen ein Ja, ein Ziel, das sich anzustreben lohnt. So möchte ich diese Serie auch abschließen mit einem klaren Ja, einem Ja, ohne das alle anderen Ziele nicht bestehen können: dem großen Ja, dem Ja zum Leben.

Ohne das Recht zu Leben sind alle anderen Rechte Makulatur. Das Grundgesetz der Bundesrepublik Deutschland stellt unmissverständlich fest: „Jeder hat das Recht auf Leben und körperliche Unversehrtheit." (Art. 2.2). Und auch die Europäische Grundrechtecharta sagt in Art. 2.1 klar: „Jeder Mensch hat das Recht auf Leben." bzw. in Art. 3.1. „Jeder Mensch hat das Recht auf körperliche und geistige Unversehrtheit." Dieses Grundrecht gehört zu den Naturrechten, welche dem Menschen seiner Natur nach zustehen und nicht vom Staat verliehen bzw. wieder entzogen werden können.

Und doch ist gerade dieses grundlegende Recht heute aufs Stärkste gefährdet. Sowohl am Beginn des menschlichen Lebens als auch an seinem natürlichem Ende. Anstelle des Rechtes auf Leben wird in der EU und weltweit ein angebliches „Recht auf Abtreibung" propagiert. Und über das in einigen Ländern bereits kodifizierte Recht auf assistierten Suizid wird schleichend Druck auf Alte und Schwerstkranke ausgeübt, sodass de facto auch des Lebensrecht am Ende immer mehr ausgehöhlt wird.

„Jeder Mensch hat das Recht auf Leben". Gehen wir nun einen einfachen logischen Schritt: X ist ein Mensch. Die Schlussfolgerung heißt dann: X hat das Recht auf Leben. Wenn wir jetzt für X „ein ungeborenes Kind" einsetzen, lautet der zweite Satz: Ein ungeborenes Kind ist ein Mensch. Und die Schlussfolgerung wäre dann: Ein ungeborenes Kind hat das Recht auf Leben. Ob diese Schlussfolgerung gilt, hängt von der Richtigkeit des Satzes ab: Ein ungeborenes Kind ist ein Mensch.

Ist dieser Satz richtig? Ist ein ungeborenes Kind ein Mensch? Um diese Frage dreht sich alles. Wird sie mit Ja beantwortet, dann ist das Lebensrecht des Ungeborenen jeder Diskussion entzogen, genauso wie das Lebensrecht von Ihnen und mir. Wird sie mit Nein beantwortet, dann stellt sich die nächste Frage: Ab wann ist denn dann dieses „Etwas“ ein Mensch? Ab der Geburt? Das wäre völlig willkürlich, denn einem Kind, das etliche Wochen vor dem errechneten Termin geboren wird und im Brutkasten heranwächst, wäre dann das Menschsein zugesprochen, während es einem anderen, welches sich noch im Mutterleib befindet, das sogar weiter entwickelt ist, abgesprochen wäre.

Auch andere Grenzziehungen sind mehr oder weniger willkürlich. Etwa die Überlebensfähigkeit außerhalb des Mutterleibs, denn diese hängt zum einen von der individuellen Konstitution und zum anderen von der Entwicklung der medizinischen Technik ab. Selbst Kriterien wie Schmerzempfindlichkeit (ca. 10. Schwangerschaftswoche) oder Gehirnentwicklung (ca. 7. Schwangerschaftswoche) sind willkürlich, wenn man sie zum Maßstab des Menschseins erhebt.

Übrigens ist die Art und Weise, wie wir vom Ungeborenen sprechen, bezeichnend: Wenn wir Ja zum Kind sagen, haben wir keinerlei Hemmungen, ihm auch sprachlich das Menschsein zuzugestehen. Über eine schwangere Frau sagen wir: „Sie erwartet ein Kind“, nicht „sie trägt ein Schwangerschaftsgewebe in sich“. Und Eltern erklären ihren Kindern: „In Mamas Bauch wächst dein Geschwisterchen heran“ und nicht etwa „in Mamas Bauch befindet sich ein Zellhaufen, der sich in ein paar Monaten zu deinem Geschwisterchen entwickeln wird".

Die Anerkennung des ungeborenen Kindes als Mensch ist eine Errungenschaft des Christentums. In der europäischen Antike waren Abtreibungen gang und gäbe. Konsequenterweise galt auch die Aussetzung Neugeborener lange Zeit als Recht des Vaters, vereinzelt sind sogar Kinderopfer belegt. Es waren die ersten Christen, die einhellig und entschieden Abtreibungen verurteilten.

Wie kam es dann zu dem Zivilisationsbruch, dass die Politik das Töten von Hühnerembryonen nach dem sechsten Bebrütungstag verbieten will, weil man anerkennt, dass dies bereits Hühner sind, den menschlichen Babys im Mutterleib aber das Menschsein abspricht und ihre Tötung sogar zu einem Menschenrecht erklärt?

Zu Beginn des 20. Jahrhunderts war die Forderung nach Aufhebung des Abtreibungsverbots Teil des Klassenkampfes: Sozialisten argumentierten, dass vermögende Frauen sich eine sichere Abtreibung leisten könnten, während Arbeiterinnen bei Kurpfuschern ihr Leben riskierten. Ein allgemeines Recht auf Abtreibung sollte also arme und vermögende Frauen gleichstellen.

Weitaus wirkmächtiger war der Neomarxismus in den 1960ern. Er propagierte die „Befreiung" von den

Fesseln der „bürgerlich-kapitalistischen“ Gesellschaft. Diese unterdrücke den Menschen angeblich in seiner Gesamtheit. Überall sah man Fesseln und Unterdrückung. Besonders die Frau sei in einem Geflecht von Unterdrückung gefangen und müsse die Herrschaft über ihren Körper gewinnen, um sich zu befreien. Dazu gehöre auch die Möglichkeit, eine Schwangerschaft auf Wunsch zu beenden.

Diese Propaganda war so massiv, dass bis heute viele Frauen in der Lebensrechtsbewegung tatsächlich ein Mittel der Unterdrückung und einen Angriff auf ihre Freiheit sehen. Und es wird häufig übersehen, dass es vor allem Männer sind, die von Abtreibungen profitieren: Sie können sich z. B. aus der Verantwortung für einen sexuellen Fehltritt herauswinden, ersparen sich Unterhaltszahlungen, machen Karriere ohne die Belastung durch Kindererziehung usw. Und die Frauen werden in der Regel mit den psychischen Folgen einer Abtreibung alleine gelassen.

Um es klar zu sagen: Keine Frau, die eine Schwangerschaft als Konflikt empfindet, darf deswegen verurteilt werden! Angesichts des Leidens, der Angst und der Verzweiflung, die eine unerwünschte Schwangerschaft für viele Frauen mit sich bringt, verbietet es sich, hier den Stab zu brechen. Es gilt, diese Frauen zu beraten, zu begleiten und ihnen – wann immer möglich natürlich auch gemeinsam mit dem Vater des Kindes – Möglichkeiten für ein Leben MIT dem Kind und nicht gegen es zu bieten.

An dieser Stelle ein herzliches Dankeschön an all die vielen Beraterinnen, die tatsächlich zum Leben hin beraten und schon unzähligen Frauen geholfen haben, Ja zu ihrem Kind zu sagen. Organisationen, die eine solche Beratung anbieten, müssen viel stärker gefördert werden, materiell und ideell.

Vor allen Dingen brauchen wir in der Gesellschaft ein Umdenken. Wir brauchen eine Willkommenskultur für Kinder und eine deutliche finanzielle Entlastung der Familien. Notwendig wäre zum Beispiel ein Familiensplitting beim Steuerrecht und eine Absenkung der Mehrwertsteuer für Artikel des Kinderbedarfs, Rückzahlung von Rentenbeiträgen bei der Geburt eines Kindes und mehr. Mindestens ebenso wichtig ist ein kinder- und familienfreundliches gesellschaftliches Klima.

Nochmals: Eine Frau, die aufgrund konkreter individueller Umstände ein Kind als Belastung empfindet, verdient Verständnis und Unterstützung. Eine Gesellschaft jedoch, die Kinder grundsätzlich als Belastung empfindet, ist krank. Eine Gesellschaft, die in der Beseitigung von Kindern eine Lösung für anstehende Probleme sieht, ist pervers.

Eine Gesellschaft, die nicht Ja zum Leben sagen kann, ist menschenfeindlich und dem Untergang geweiht. Eine solche Gesellschaft wird übrigens keineswegs beim Ungeborenen stehen bleiben. So wie das Leben an seinem Beginn, ist es auch an seinem Ende bedroht: Die Propagierung von Euthanasie übt bereits jetzt Druck auf Alte, Kranke und Behinderte aus. Wer das Gefühl vermittelt bekommt, nur noch eine Belastung für sein Umfeld zu sein, wird unmerklich dazu geführt, doch „sozialverträglich" aus dem Leben zu scheiden.

Eine Gesellschaft, die kinderfeindlich ist, wird altenfeindlich, ja, sie wird lebensfeindlich. Sie wird den Menschen selbst als Feind der Natur sehen. Und sie wird über kurz oder lang jeden, der gegen die Lebensfeindlichkeit aufbegehrt, verfolgen. Schon jetzt wird das Eintreten für Lebensschutz und Lebensrecht diffamiert und wenn wir nicht endlich aufwachen, werden Bücher wie das vorliegende als „Hatespeech" zensiert, unterdrückt, verboten und Verfasser und Leser mit Strafe bedroht.

Lassen wir das nicht zu! Sagen wir Ja zum Leben! Sagen wir Ja zur Zukunft! Sagen wir Ja zur Würde jedes Menschen, ob geboren oder ungeboren, ob jung oder alt!

Epilog

Europa wird eine großartige Zukunft haben, wenn es sich auf seine Wurzeln besinnt. Ich glaube an die Zukunft Europas. Wo Europas Wurzeln liegen und weshalb es sich lohnt, sich auf sie zu besinnen, um den Weg in eine bessere Zukunft zu gehen, habe ich in den Kapiteln dieses Bändchens dargelegt. Sicher, dieser Weg wird nicht einfach sein, wir werden mit Widerständen und Unverständnis rechnen müssen. Aber wir dürfen und werden nicht resignieren!

* * *

Und so lade ich Sie ein, alle Müdigkeit fallen zu lassen, nach vorne zu blicken, die Ärmel hochzukrempeln und – jeder an seinem Platz – mit Zuversicht und Gottvertrauen an dieser Zukunft Europas mitzubauen. Meinen Beitrag dazu leiste ich mit der Kraft, die mir Gott dazu gibt.